SUBWAY LINE, No. 1

Philosophical Thinking is Yoga for the Mind®

Upper West Side Philosophers, Inc. provides a
publication venue for original philosophical
thinking steeped in lived life, in line with our
motto: philosophical living & lived philosophy.

17 VORURTEILE,

die wir DEUTSCHEN gegen

AMERIKA und die AMERIKANER

haben

und die so nicht ganz stimmen können

MISHA WAIMAN

Upper West Side Philosophers, Inc.

New York   2008

Published by Upper West Side Philosophers, Inc.,
P. O. Box 250645, New York, NY 10025, USA
www.westside-philosophers.com / westsidephilosophers@gmail.com

Library of Congress Control Number: 2007937373
ISBN-13: 978-0-9795829-3-6
ISBN-10: 0-9795829-3-8

Design: Upper West Side Philosophers, Inc.
Printed by Offset Impressions, Inc., Reading, PA
Printed in the United States of America

Inhalt

Ein Vorurteil ist ein unbestätigtes synthetisches Urteil, das vorgibt, ein analytisches Urteil zu sein.

Julien David

Aber freilich, wenn wir Deutschen nicht aus dem engen Kreise unserer eigenen Umgebung hinausblicken, so kommen wir gar zu leicht in diesen pedantischen Dünkel. Ich sehe mich daher gerne bei fremden Nationen um und rate jedem, es auch seinerseits zu tun.

J. W. Goethe

Wie es überhaupt zu dieser
Streitschrift kam

Als Deutscher in New York kriegt man oft Besuch aus Deutschland. Von wenigen Ausnahmen abgesehen gestalten sich die Besuche, wie ich über die Jahre festgestellt habe, mehr oder weniger gleich: Am ersten Abend (die meisten Besucher aus Deutschland kommen nachmittags oder abends an) freut man sich über das Wiedersehen und in New York zu sein, man isst, trinkt, erzählt von Zuhause und von der Reise – immer dieselben Varianten: super Service, gutes Essen, guter Film; super Service, schlechtes Essen, guter Film; schlechter Service, gutes Essen, guter Film; schlechter Service, schlechtes Essen, guter Film; super Service, gutes Essen, schlechter Film ... oder gar kein Film („ihr müsst mal mit *Virgin* oder *Singapore Airlines* fliegen!") – umarmt einander und geht zeitig ins Bett.

Am nächsten Tag, noch ganz vom Wiedersehen beflügelt, frühstückt man zusammen (der Besuch ist normalerweise schon sehr früh auf und kämpft mit der Zeitverschiebung), geht spazieren, isst eine Kleinigkeit zu Mittag, trinkt einen Nachmittagskaffee, isst nochmal gemütlich zu Abend, bleibt ein bisschen länger auf und zieht sich nach einem Schlummertrunk zurück.

Bereits am Abend des ersten vollen Tages jedoch – der Besuch ist noch ganz benommen von den vielen neuen Eindrücken und reizbarer als sonst ob des Jetlags und der Fremde – machen sich die ersten Zeichen eines gewissen Ressentiments bemerkbar, das sich zunächst subtil in solch Anteil nehmend wohlwollenden Fragen und Kommentaren äußert wie etwa „und habt ihr euch schon gut eingelebt?" (und das obwohl man schon seit Jahren in den USA lebt und längst auch Amerikaner ist) oder „wollt ihr irgendwann wieder zurück?" oder (schon etwas präziser und weniger wohlwollend) „fehlt euch nicht die Natur?" oder noch deutlicher (vor allem, wenn es sich um vom Aussterben bedrohten Raucherbesuch handelt, der schon beim Mittagessen nicht rauchen durfte – zum Frühstück, das versteht sich, wäre es zu unhöflich gewesen) „mit dem Rauchen übertreiben es die Amis aber!"

Am zweiten Tag trennt man sich zum erstenmal. Der Alltag nimmt seinen Lauf, der Besuch macht sich selbstständig auf, die Stadt zu erkunden und erste Einkäufe zu machen ...

Erschöpft von der Stadt und immer noch gejetlagt kehrt der Besuch schon am frühen Abend heim und freut sich darauf zu erzählen ... wie es einem so gefallen hat, wie toll die Aussicht vom Empire State Building war (trotz der ewigen Schlange), wie lustig der indische Taxifahrer war (er hat einem zwischen Union Square und Lincoln Center in unverständlichstem Englisch die Weltpolitik erklärt) ...

Und dann kommt ganz von selbst, sich gleichsam Bahn brechend, alles raus ... und wenn nicht am zweiten, dann am dritten Tag, und wenn nicht am dritten, dann spätestens am vierten Tag: Laut war's, schmutzig war's, teuer war's (deswegen auch die frühabendliche Rückkehr, denn zwei- bis dreimal am Tag auswärts essen kostet ein Vermögen), und fett sind diese Amerikaner („aber doch nicht in Manhattan", wagt man kaum anzumerken), und beschissen haben sie einen auch im Restaurant („15% Trinkgeld, die haben wohl nicht mehr alle!") und auch noch mit diesem superfalschen, oberflächlichen *it's-great-Smile* ... „Also, wie man hier leben kann und Kinder großziehen?!"

Wir haben gelernt, nicht auf alles zu reagieren. Sind die Schleusen jedoch erst einmal geöffnet, dann ist die Sintflut nicht mehr zu stoppen ... und so kommt beim Abendessen der nächste Schwall: „Wie haltet ihr's bloß aus mit diesem Bush?! Der ist ja schlimmer als Hitler! Wie blöd muss man sein, so einen Idioten zu wählen!" (Obwohl inhaltlich variabel, weil auf den jeweils amtierenden Präsidenten gemünzt, bleibt dieser Kommentar in seinem Tenor relativ homogen.)

So geht es hin ... mit Ups und Downs in den fünften und eventuell sechsten Tag hinein, bis der Besuch sich müde und um mehrere Tausend Euro leichter auf den Weg zum Flughafen macht (nicht ohne noch einmal aufzustöhnen – „Was?! Der Limoservice kostet 90 Dollar plus Tip, Toll, und Tax?" – „Wollen wir nicht lieber die U-Bahn nehmen?" – „Mit fünf Koffern? Du spinnst wohl!").

~

Angesichts der ermüdenden Gleichförmigkeit der Amerikaanalysen unserer deutschen Besucher versuchten meine erste Frau (eine gebürtige Amerikanerin) und ich eine Hausregel einzuführen: *Kulturkritik erst ab zwei Uhr nachts!* Leider hielt sich niemand an diese Regel, und das lag nicht allein am Jetlag ... Meine zweite Frau (eine Deutsche) und ich hatten dann die Idee, dem kulturschockbedingten Meltdown unserer deutschen Gäste auf effizientere Weise zu begegnen: Eine von uns erstellte Liste mit den häufigsten Vorurteilen, die wir Deutschen gegen die Amerikaner und ihr Land haben, sollte auf Augenhöhe an die Gästezimmertür genagelt werden, damit der Besuch sich durch täglich wiederholtes Lesen in ihr einüben und sich derart homöopathisch gegen den inneren Amerikafeind wappnen möge.

Eine solche Liste – das subjektive Destillat meiner langjährigen Erfahrungen mit Besuch aus Deutschland als deutschjüdischamerikanischer Gastgeber russischen Ursprungs in New York – habe ich nun verfasst und ihr auch noch einige persönliche Überlegungen beigefügt, deren Ziel es ist, mittels der polemischen Vereinfachung, Verallgemeinerung und Überspitzung eine von

heftigsten Protesten begleitete Anti-Amerika-
Katharsis ins Rollen zu bringen.

Darüber, was Vorurteile eigentlich sind

Wie der Name schon sagt, sind Vorurteile Urteile, die man fällt, bevor man sich des Wissens und der Tatsachen versichert hat, die entsprechende Urteile allererst ermöglichen. Vorurteile sind aber auch Meinungen über Menschen und Dinge, die man beibehält, obwohl man weiß oder wissen könnte, dass sie so nicht ganz stimmen können. Manchmal erweisen sich Vorurteile als richtig, oft enthalten sie ein Körnchen Wahrheit, zumeist jedoch stellen sie sich umgekehrt proportional zum Grad ihres Allgemeinheitsanspruchs als unsinnig heraus – d. h., je allgemeiner und globaler, je abstrakter und weniger deskriptiv ein Vorurteil ist, desto mehr kann man davon ausgehen, dass es an der Realität vorbeigeht. Im Folgenden möchte ich einige der gängigsten Vorurteile gegen Amerika und seine Bevölkerung, die unter uns Deutschen so im Umlauf sind, einer eingehenden Kritik unterziehen.

VORURTEIL 1

Amerikaner sind dumm

Viele von uns Deutschen sind davon überzeugt, dass Amerikaner dumm sind. Dabei ist nicht ganz klar, ob Amerikaner im allgemeinen (sozusagen als Kulturspezies an sich oder gar als Rasse) oder ob *die* Amerikaner, d. h. *alle* Amerikaner bzw. jeder einzelne Amerikaner, gemeint sind – man gibt sich vage. Wenn dem so wäre, dann würde dies bedeuten, dass z. B. nicht nur ein Präsident wie George W. Bush dumm ist (dies ist ja angeblich nicht weiter hinterfragbar), sondern auch Bill Gates, Steve Jobs, Philip Roth, Joseph Brodsky, Susan Sontag, Leonard Bernstein, Martin Luther King, Jr., Robert Kennedy ... „Nein, nein“, heißt es dann gleich, „die sind natürlich nicht dumm! Aber das sind Ausnahmen! Die Mehrheit der Amerikaner ist dumm, natürlich nicht alle!“

Die Mehrheit der Amerikaner ist dumm. Was heißt das genau? Zunächst dass, wenn wir Deutschen Amerikaner als dumm bezeichnen, wir es

weder auf eine Kulturspezies noch auf eine Rasse abgesehen haben (Gott sei Dank! Das gab's
schon einmal!) – das gilt übrigens dann auch für
alle weiteren Vorurteile –, sondern auf eine im
Prinzip feststellbare Menge von Menschen einer
bestimmten Staatsangehörigkeit, nämlich dieje-
nige Menge, die nach Abzug aller nicht dummen
Ausnahmen übrigbleibt (Gastarbeiter auf Zeit
mit oder ohne Green Card sind natürlich auch
ausgeschlossen, obwohl sie leicht und je nach Ar-
gumentationsbedarf unversehens *zu Amerikanern*
werden – „Du bist ja fast schon Amerikaner!").

Dass die Mehrheit der Amerikaner dumm sei,
heißt ferner, dass es zumindest im Prinzip möglich sein muss, das Intelligenzniveau der meisten
Amerikaner zu überprüfen und einem (wie anders soll es gehen?) internationalen Länder- und
Völkervergleich zu unterziehen. Soweit mir bekannt, ist ein derartiger Intelligenztest auf globaler Ebene bisher nicht durchgeführt worden.
Somit erweist sich die Behauptung, dass die
Amerikaner dumm sind, als empirisch nicht belegt und ist allein schon aus diesem Grund als
Vorurteil zu verwerfen. Selbst wenn jedoch eine
derartige Intelligenzstudie durchgeführt würde

und die Amerikaner sich tatsächlich als dumm
herausstellten (natürlich gemessen an den vom
germanischen Experimentator angesetzten Kri-
terien), so würde die Pausenhofweisheit *Wer andere für dumm hält, ist selber dumm* auf uns Deutsche
in ganz besonderem Maße zutreffen – traut man
den Ergebnissen einer unlängst durchgeführten
europäischen Bildungsstudie … Und dies würde
wiederum bedeuten, dass den Dummen, die andere als dumm bezeichnen, auf keinen Fall zu
trauen ist, sind sie doch gar nicht im Besitz des
nötigen kritischen Vermögens, ein solches Urteil
zu fällen …

Warum glauben wir Deutschen eigentlich,
dass Amerikaner dumm sind?

VORURTEIL 2

Amerikaner sind ungebildet

Das Vorurteil, dass die Amerikaner dumm sind, ist eng mit einem anderen Vorurteil verflochten, das die Dummheit der Amerikaner als beinahe schon notwendige Konsequenz dessen nach sich zieht, hinsichtlich dessen es eben ein Vorurteil ist: nämlich dass die Amerikaner ungebildet sind. Weil sie nichts wissen – so der kausal verbrämte Tenor – sind die Amis dumm! ... Die wissen ja nicht mal wo Paris liegt (in Texas natürlich!) oder Moskau (in Upstate New York, hahaha!) oder Frankfurt (in Kentucky, du Blödmann!) oder was der Westfälische Friede ist oder wann der Erste Weltkrieg zu Ende war! (Sag mal, was ist eigentlich der Westfälische Friede? Und wo genau ist Kentucky?)

Dieses Vorurteil ist ganz besonders interessant, weil es selbst auf zwei Vorurteilen beruht (die ihrerseits einer ausführlichen, historisch-kritischen Durchleuchtung bedürften), nämlich dass Dummheit und Bildung irgendwie zusammenhängen und dass Bildung intelligent bzw. klug macht.

Zum ersten Untervorurteil nur so viel: Mit der Dummheit steht es wie mit der Körpergröße – man ist so dumm wie man ist, ganz egal wie hoch die Bildungsabsätze sind, die man sich zulegt. (Es gibt ja genug gebildete Dummköpfe sowie umgekehrt genug ungebildete schlaue Menschen – d. h., kausal stehen Bildung und Dummheit in keiner Beziehung.)

Zum zweiten Untervorurteil: Hier verfallen wir Deutschen dem kulturimperialistischen Dünkel des Bildungsbürgertums aus vergangenen Jahrhunderten, wonach Bildung Kultiviertheit bzw. Kultur bedeutet, die wiederum *eo ipso* quasi schon Intelligenz verbürgt.

Wie steht es nun aber tatsächlich mit der Bildung der Amerikaner? Man wird wohl nicht falsch liegen, wenn man annimmt, dass es in einem Einwanderungsland von etwa 300 Millionen Menschen aller Einkommens- und Berufssparten sowohl gebildete als auch ungebildete Menschen gibt! Vor allem wird man sicher nicht falsch liegen, wenn man über den Daumen gepeilt vermutet, dass es in Amerika mehr ungebildete Menschen gibt als z. B. in Deutschland, schon allein aus dem Grund, dass es ungefähr viermal so viele Amerikaner wie Deutsche gibt (ganz zu schweigen von sozialen und anderen Indikationen). Dass es umgekehrt genug gebildete Amerikaner geben muss, bedarf keiner Erklärung – erinnert sei hier nur an all jene Universitäten, an denen sich unzählige deutsche Studenten und Professoren bewerben (Stichwort: Elite-Universität).

VORURTEIL 3

Amerika hat keine Kultur
oder
Amerika ist eben nicht Europa

Wir Deutschen sind fasziniert von New York (jedoch zu groß, zu laut, zu schmutzig, zu teuer, zu viel Babel ... und überhaupt – New York ist nicht Amerika!), mögen Kalifornien (jedoch zu viel Surfen, Sunny Boy, L. A.-Moloch, der Wein auch nicht so gut wie bei uns in Italien ...) und machen uns lustig über den Rest des Landes (Bible Belt, Fargo, die dummen Texaner mit ihren Steaks und ihrem Öl ...). *Eine* Stadt aber lieben wir: Boston. Warum? Weil es die europäischste Stadt Amerikas ist. Boston ist *sooo* europäisch! Da ist noch *Kultur!*

Natürlich gibt es in New York auch Kultur, aber irgendwie scheint die Kombination aus niedrigen Red-Brick-Townhäusern und wenigen, sich auf ein kleines Downtown konzentrierenden Wolkenkratzern gepaart mit dem intellektuellen Portfolio von Harvard und MIT unserem deutschen Kulturheimatbedürfnis viel mehr zu entsprechen als das schier aus den Nähten platzende Kulturangebot der eigentlichen Kulturmetropole Amerikas ... Nur um Kultur kann es uns also doch nicht gehen.

„Aber Amerika ist eben nicht Europa!" hört man nicht nur die in den USA lebenden Deutschen, sondern auch deutsche Touristen, die hier nur ein paar Tage oder Wochen verbringen, seufzen. Scheinbar hängen wir Deutschen so sehr am europäischen Kulturzipfel, dass wir schon nach wenigen Tagen Amerikaaufenthalt von unsäglichem Heimweh heimgesucht werden. Wir Deutschen lieben eben Europa inbrünstig!

Mal ganz abgesehen von der Frage, warum man Europa dort sucht, wo Europa nicht ist — ist doch ein solches Vorhaben von vornherein zum Scheitern verurteilt —, bedarf die Liebe der Deutschen zu Europa einer eingehenderen Betrachtung.

Anders als die in den USA lebenden oder in die USA reisenden Italiener, Franzosen, Russen oder Engländer nämlich, die alle, wenn sie denn etwas vermissen, Italien, Frankreich, Russland oder England vermissen, vermissen wir Deutschen nicht etwa unser Heimatland, sondern gleich ganz Europa! Und das auch nur in den USA! Denn wenn wir Deutschen zum Beispiel nach Japan, China, Marokko oder Thailand fahren, dann vermissen wir Europa nicht und wundern uns auch nicht darüber, dass es dort nicht so europäisch zugeht. (Der Fall Südamerika ist mit Ausnahme von Brasilien und wenigen anderen Ländern aus historischen Gründen etwas komplizierter. Doch pflegen wir Deutschen auch hier unseren Europadünkel, jedoch ins Positive gewendet: So bedauert man in Argentinien zum Beispiel nicht etwa, dass es uneuropäisch sei, sondern freut sich darüber, dass es *sooo* europäisch ist!)

Was hat es mit Europa und uns Deutschen auf sich? Drei Aspekte dieser innigen Liebesbeziehung sind hervorzuheben, die sich unter folgenden Oberbegriffen zusammenfassen lassen: *Europa ist Kultur, Europa ist nicht Deutschland* und *Europa ist nicht die Summe seiner Teile.*

Im Vergleich mit den USA ist Europa für uns Deutsche gleichbedeutend mit *Kultur*. Dieser Begriff umfasst insbesondere Bildung, historisches Bewusstsein sowie Sprach- und Esskultur und ist immer schon mitverstanden, wenn Vorurteile 1 und 2 ins Spiel gebracht werden. Was uns Deutschen in Amerika fehlt (außer in Boston und in New York natürlich – und auch hier nur mit Einschränkungen) ist *Kultur!* Der Kaffee ist nicht wie bei uns (d. h. in Italien), die Pizza ist viel zu groß und zu dick, nicht so dünn und knusprig wie bei uns (d. h. beim Italiener), der Käse schmeckt nach gar nichts, nicht wie bei uns (d. h. in Frankreich) ... Ja – bei uns wissen die Kinder, wer Napoleon war ... und Michelangelo ... und überhaupt, hier ist ja nichts älter als dreihundert Jahre ... und Holzhäuser überall!

Europa ist nicht Deutschland

Es ist bekannt, dass wir Deutschen aus historischen Gründen kein geringes Problem mit

Deutschland und seiner jüngsten Geschichte
haben – daran wird auch der unlängst im Kon-
text der letzten Fußballweltmeisterschaft wieder
entfachte Deutschnationalismus nichts geändert
haben. Die meisten Deutschen schämen sich (je
nach Alter und Herkunft etwas mehr oder weniger), Deutsche zu sein (und hassen dafür die anderen, die sie in ihrer Schande gesehen haben
und sie auch weiterhin ständig an diese Schande
erinnern), und lieben doch ihr Deutschland –
ebenso wie die Italiener ihr Italien, die Russen ihr
Russland, die Franzosen ihr Frankreich, die Engländer ihr England und die Amerikaner ihr
Amerika lieben. Anders als die Amerikaner, Italiener, Franzosen, Russen und Engländer jedoch
dürfen wir Deutschen es nicht wagen (vor allem
nicht im Ausland), laut und deutlich zu verkün-
den: „Wir lieben unser Land! Deutschland ist das
schönste und beste Land!" Das bedeutet, dass
man seiner Liebe zu Deutschland nur metonymisch Ausdruck verleiht – über den Umweg Europas, dessen Herzstück Deutschland ist. Proportional zur Intensität der nach außen hin
unterdrückten Liebe zum eigenen Land äußert

sich die Liebe der Deutschen zu Europa mit umso stärkerer Inbrunst.

Europa ist nicht die Summe seiner Teile

Natürlich funktioniert diese metonymische Milchmädchenrechnung nur auf Kosten dessen, was Europa tatsächlich ist: ein multikulturelles, multinationales, vielsprachliches Gebilde. Denn wir Deutschen lieben nicht wirklich Europa und seine tatsächlichen Menschen, Sprachen und Kulturen, sondern ein imaginiertes Europa, in dem die *faulen* Italiener, die *eingebildeten* Franzosen, die *kinderschänderischen* Belgier, die *ausländerfeindlichen* Österreicher, die *saufenden* Polen usw. ausgeblendet werden im uneingestandenen Namen einer Art wiederbelebten Winckelmann'schen Ideals der *edlen Einfalt* und *stillen Größe*. In diesem Sinne ist das imaginierte Europa, das wir Deutschen Amerika entgegenhalten, nicht nur das absolute Gegenteil von Amerika, sondern auch das Gegenteil von dem faktischen Europa selbst, das in seiner grenzenlosen Multinationalität den USA gar nicht so unähnlich ist.

~

Wie steht es nun aber tatsächlich mit der *Kultur* der Amerikaner? Haben oder haben die Amerikaner keine *Kultur?* Dass sie *eine* Kultur haben — oder besser gesagt Hunderte von Mikrokulturen, die alle zusammen eben *Amerika* ausmachen — steht außer Frage als *Hard Fact.* Aber haben sie Kultur im Sinne des russischen „kulturnyj chelovek" (ein Mann von Bildung, Niveau, Geschmack, Klasse, belesen usw.)? Oder sind die Amerikaner Kulturbanausen, die nicht einmal wissen, dass man auf einen gebackenen Kabeljau keinen Monterey Jack draufschmilzt oder dass man bei Beethoven nicht einfach „Great!" oder „Wow!" sagt, sondern eher mit einer vielsagend bedächtig-andachtsvollen Miene wissenskundig nickt und auf eine weitaus bessere Interpretation verweist?

Wie nicht anders zu erwarten, gibt es solche und solche — sind doch z. B. eingebürgerte gebildete Deutsche, poisson- und weinkundige Franzosen sowie feinsinnige, stäbchengeprüfte Japanese-Americans ihrer Ursprungskultur nicht ledig geworden? Sogar mancher gebürtige Amerikaner überrascht bisweilen wider Erwarten mit

einer Kultursophistication, die es mit jedem Bayern aufnehmen kann ...

VORURTEIL 4

Amerikaner sprechen keine anderen Sprachen

Eng verbunden mit dem Vorurteil der Kulturlosigkeit, das wiederum den Mangel an Bildung und die Dummheit beinhaltet, ist das Vorurteil, dass Amerikaner keine anderen Sprachen sprechen. Um welche *anderen Sprachen* handelt es sich eigentlich? Gemeint ist natürlich *keine anderen Sprachen außer Englisch*. Also im Klartext: Amerikaner sprechen nur Englisch und sonst nichts, oder wenn, dann mit stärkstem Akzent – denn natürlich handelt es sich bei dem Wörtchen *keine* um eine Übertreibung. Was wirklich gemeint ist, ist, dass die Amis keine andere Sprache außer Englisch so sprechen, dass man sie versteht! („Ick bin oin Börlinör!")

Die Logik dieses Vorurteils ist ganz besonders perfide, zeugt sie doch davon, dass unser deutsches Denken nach wie vor von ethnisch-kulturellen Reinheitskriterien bestimmt wird, die mit der amerikanischen Wirklichkeit zumal aber auch gar nichts zu tun haben: Ebenso wie wir Deutschen zutiefst glauben, dass nur derjenige wirklich Deutscher ist, der rein deutschsprachig aufwächst (und möglichst in Deutschland geboren ist), ebenso halten wir fälschlicherweise nur denjenigen wirklich für einen Amerikaner, der rein englischsprachig aufwächst. Dass dann auch noch unterstellt wird, dass die Amerikaner zu blöd seien, andere Sprachen zu lernen, setzt der Perfidie noch ein äußerst verräterisches Sahnehäubchen auf: Denn mit Akzent sprechen, auch mit dem stärksten, sagt noch nichts darüber aus, wie gut man eine Sprache spricht (man denke nur an Joseph Conrad und daran, wie überrascht Bertrand Russell war, als er in einer Unterhaltung mit Conrad feststellen musste, dass dieser mit einem sehr starken polnischen Akzent Englisch sprach). Auch hier wieder projizieren wir Deutschen unser eigenes kulturelles Reinheitsbedürfnis auf Amerika. Denn bei uns in Deutschland ist ein Akzent tatsächlich nach wie vor ein beruflich-soziales Damoklesschwert. Weil wir zutiefst glauben, dass nur ein wirklich Deutscher ohne Akzent Deutsch sprechen kann, entscheidet auch der Akzent oder eben seine Abwesenheit darüber, wer wirklich Deutscher ist und wer nur den deutschen Pass hat.

Wie steht es nun aber mit den Fremdsprachenkenntnissen der Amerikaner. Welcher Amerikaner muss man erst einmal fragen? Der muttersprachlich Spanisch sprechenden? Der muttersprachlich Russisch oder Polnisch sprechenden? Der muttersprachlich Deutsch, Französisch, Chinesisch, Ivrit oder Iddisch sprechenden? Man kann diese Fragen beliebig fortsetzen – ihr Sinn ist klar: Zu sagen, dass *die* Amerikaner keine anderen Sprachen sprechen, macht nur Sinn, wenn mitgedacht wird *außer Spanisch, Russisch, Polnisch, Deutsch, Japanisch, Chinesisch, Arabisch* usw. – was jedoch nicht besagen soll, dass es nicht tatsächlich viele Amerikaner gibt, die keine Sprache außer Englisch bzw. Spanisch sprechen, genauso wie es in jedem Land viele Menschen gibt, die nur die jeweilige Landessprache sprechen (oft mehr schlecht als recht – man muss nur mal nach Niederbayern fahren und schauen, wie viele von den Skat- oder Schafkopfbrüdern in der Gastwirtschaft *andere Sprachen* sprechen ...).

Was wir Deutschen eigentlich meinen, wenn wir sagen, dass die Amerikaner keine anderen

Sprachen sprechen, ist, dass sie kein Deutsch sprechen! Damit haben wir mit Sicherheit zum Großteil recht. Wie oft fragt man eigentlich einen nicht Deutsch sprechenden Amerikaner, welche Sprachen er eventuell sonst noch spricht?

VORURTEIL 5

Amerikaner haben keinen Geschmack

Dass die Amerikaner angeblich keinen Geschmack haben, ist ein weiterer Ausläufer des Kulturlosigkeitsvorurteils. Normalerweise bezieht sich dieses Vorurteil vor allem auf das Modeverständnis des Durchschnittsamerikaners, und das heißt des Amerikaners, der zwischen New York und Kalifornien floriert: Man erkennt ihn sofort aus weiter Ferne auf der Straße und am Flughafen.

Der sportliche Typ zuerst (Hauptsache bequem!): die weibliche Spezies (wohl beleibt – doch darüber mehr später), älterer oder jüngerer Jahrgang, weite Shorts oder Sweatpants, weiße Söckchen (eventuell mit pinkem Baumwollpompom hinten dran), Turnschuhe – entweder die ergonomisch und orthopädisch gestylten Dinosaurierschuhe mit Knorpel- und Gallertmasse zwischen Sohle und Boden (doch das eher etwas für die Jüngeren) oder, was viel häufiger der Fall ist, die weißen dünnen Leinenturnschühchen auf dünnen Söhlchen – die Füße somit elegant, asiatisch – oben drüber das obligatorische Sweatshirt oder etwas mit Reißverschluss – dem ganzen ein roter, grüner, blauer oder schwarzer Baseballhut draufgesetzt; die männliche Spezies – seltener Shorts (außer bei jüngeren Jahrgängen), dafür aber Dockers, Turnschuhe (selbstverständlich!), hier auf jeden Fall mehr Masse (d. h. Dinosaurierschuhe), auf dem Kopf Baseballhut, und dazwischen alle möglichen Kombinationen (Sweatshirt, kariertes Hemd, Windbreaker, je nach Jahreszeit) – beide, Männlich und Weiblich, immer etwas zu trinken in der Hand (normalerweise diese Riesenplastikbehälter mit Metallverkleidung und einem nach innen oder außen gestülpten Schnäbelchen, damit man sich ja nicht verbrennt und nichts verschüttet!).

Nun zum eleganten Typus (eigentlich nur älterer Jahrgang): der Mann im obligatorisch karierten Blazer oder aber dem blauen Doppelreiher mit Goldknöpfen, kariertes Hemd, Dockers, alles in ein Paar bequemer Turnschuhe mündend – wenn nicht Turnschuhe, dann selten elegantes Schuhwerk, eher etwas Gesundes; die Frau goldbehangen an Ohr und Hals (grell), zu stark geschminkt, knielanges Kleid, Damentäschchen und manchmal Rollköfferchen oder aber plombiertes Schminkköfferchen am Unterarm, *Louis Vuitton*.

Wie bekannt, lässt sich über Geschmack nicht wirklich streiten ...

Dieses Vorurteil hat in dem Sinne keine bemerkenswerte Logik (es ist ja vielleicht auch zutiefst nicht wirklich ein Vorurteil, sondern eher ein Geschmacksurteil mit ethnischem Beigeschmack) außer eben der, dass, wenn Amerikaner schon dumm, ungebildet, unkultiviert und sprachunfähig sind, sie natürlich auch keinen Geschmack haben können — denn zum Geschmack gehört Stilbewusstsein, zum Stilbewusstsein gehört Kultur, zur Kultur gehört Weltgewandtheit, zu letzterer gehören Fremd- und Eigenkulturbewusstsein — und das heißt auch Fremdsprachenkenntnisse — und das alles ist nur möglich mit Intelligenz und Bildung!

VORURTEIL 6

Amerikaner sind laut

Natürlich sind nicht alle Amerikaner laut ... aber hast du sie schon mal im Restaurant oder in der U-Bahn erlebt? Da hört man doch nichts mehr! Man versteht ja jedes Wort (phonisch zumindest)! Das Lautsein der Amerikaner ist ein weiterer Ausläufer ihrer Kulturlosigkeit und bestätigt noch einmal, dass sie sich nicht benehmen können ... dumm und ungebildet sind ... (denn gebildete Menschen haben Takt, und Takt bedeutet Dezenz, und Dezenz bedeutet eine gewisse Ruhe und Gelassenheit, und Ruhe und Gelassenheit bedeuten ein nicht zu überschreitendes Dezibellevel ...).

Doch enthält das Lautsein der Amerikaner noch eine weitere Komponente, die mit ihrer Kulturlosigkeit nicht direkt etwas zu tun hat (und wenn, dann müsste man untersuchen inwiefern genau), sondern eher mit ihrer Rolle als Weltmacht: Das Lautsein der Amerikaner weckt Existenzängste, ist es doch ein Indiz für ihre Stärke und Macht und mithin für ihre Vormachtstellung auf der Welt ... Sogar den Luftraum im Restaurant und in der U-Bahn nehmen sie uns! Reicht es nicht, dass sie immer gleich zwei Sitzplätze brauchen? Müssen sie auch noch soviel Luft verbrauchen!

Es gibt zu diesem Vorurteil in dem Sinne nichts zu sagen, weil es sich oft als wahr erweist – manche Amerikaner haben tatsächlich ein anderes Dialogdezibelbewusstsein als wir Deutschen. So sagen wir z. B. unseren Söhnen oft, sie sollen leiser reden ...

VORURTEIL 7

Amerikaner sind fett

Obwohl natürlich nicht alle Amerikaner fett sind – man muss sich nur in Manhattan oder am südkalifornischen Strand umsehen –, bestätigt sich dieses Vorurteil nur allzu oft (und in diesem Sinne könnte man sagen, dass es irgendwann aufhört, ein Vorurteil zu sein).

Was an diesem Vorurteil von besonderem Interesse ist, ist jedoch nicht sein Wahrheitsgrad, sondern die Art, wie es normalerweise vorgetragen wird. Denn wir Deutschen stellen nicht einfach nur fest, dass die Amerikaner fett sind, so wie man feststellt, dass die Erde rund ist oder dass Kernspaltung bestimmte Gefahren mit sich bringt. Nein, das Fettsein der Amerikaner wird unzweideutig als negativ, ja sogar als abstoßend gewertet – was sich z. B. im Wörtchen *sooo* äußert („die Amis sind *sooo* fett!“) – und zumeist herablassend-sadistisch bzw. besserwisserisch-schadenfreudig verurteilt („schau sie dir doch an, diese fetten Amerikaner!“). Dies legt die Frage nahe, warum gerade das Fettsein gerade der Amerikaner bei uns Deutschen solch starke Reaktionen hervorruft, denn weder den fetten Russen (und davon gibt es mehr als genug) noch den japanischen Sumokämpfern noch auch den eigenen bierbäuchigen Landsleuten wird so viel negative Aufmerksamkeit zuteil. Warum gerade den Amis?

Zunächst ist allgemein zu sagen, dass wir Deutschen ein besonders schadenfreudiges Volk sind. So musste das Wort *Schadenfreude* allererst aus dem Deutschen ins Englische importiert werden, bevor man auch jenseits des Atlantiks diese menschliche Regung allererst präzise benennen konnte. Und nichts verschafft uns Deutschen so viel Befriedigung wie Schadenfreude darüber, dass der Starke und Erfolgreiche – am liebsten wäre man so wie er und hätte das, was er hat (schon Nietzsche wusste dies!) – plötzlich einen Riesenpickel im Gesicht hat, auf einem Staatsbankett dem einladenden Minister in den Schoß kotzt oder eben fett ist! Im Falle der Amerikaner im besonderen kommt noch hinzu, dass wir Deutschen uns an allen ihren Missgeschicken, so auch an ihrem Fettsein, genau in dem

Maße ergötzen, in dem wir unsere tiefe, historisch bedingte Bindung an das *Land of the Free and of the Brave* unterdrücken.

Es lohnt sich, die historisch-kulturelle Logik unseres antiamerikanischen Antifettismus genauer unter die Lupe zu nehmen. Folgende Aspekte lassen sich dabei hervorheben:

Ebenso wie ihr Lautsein symbolisiert die Fettleibigkeit der Amerikaner ihre Vormachtstellung in der Welt. Indem jeder einzelne fette Amerikaner mehr Platz und mehr Raum auf unserer Erde einnimmt als andere Mitmenschen, verkörpert und befördert er den Imperialismus seines Landes. Die Anmaßung der Amerikaner, sich mehr Leibes- und Luftraum auf dieser Erde zu nehmen als ihnen aus deutscher Sicht zusteht, wird zudem als Bedrohung des eigenen Lebensraums empfunden und emotional besonders hart geahndet, gemahnt sie doch gerade an das, was weder zu bewältigen noch zu verwinden ist, nämlich den eigenen einstmaligen Expansionsdrang.

Das Fettsein der Amerikaner ist ebenso wie ihr Dumm- und Ungebildetsein sowie ihre Sprachunfähigkeit und Geschmacklosigkeit ein Indiz dafür, dass sie keine Kultur haben. Denn zutiefst glauben wir Deutschen doch (einem klassischen, griechisch-römischen, Turnvater-Jahn-Schönheits- und Kulturideal folgend), dass wirklich fette Leute (Wurstfinger, Arsch schwappt aus der Hose, Schimmel in den Fettrollen, Gestank in Schritt und Arschritze, schweißgebadet, keuchend, Kleidung passt nicht) nicht wirklich feinsinnige Kulturträger sein können. Denn zur Kultur gehören Reinheit, Eleganz, Grazie, feine Hände ... *edle Einfalt, stille Größe ... mens sana in corpore sano ...*

Das Fettsein der Amerikaner funktioniert metonymisch: So sind die Amerikaner auch im Kopf fett (Schwarten statt Hirnwindungen, Fett statt grauer Zellen) und in ihrer Sprache (statt klarer Artikulation und präziser Begrifflichkeit – wie die Queen! ... „Ach, ich liebe *British English*!“ – ausladendes, breites Kauderwelsch des kaugummikauenden, „Wow!“ und „Great!“ plärrenden Disneylandfanatikers mit Gallonen-Cola and Popcornsack).

Wenn man es sich einmal genau überlegt, dann ist das Fettsein der Amerikaner das größte aller amerikanischen Übel und Bedrohungen für uns Deutsche: Führt es doch ganz klar vor

Augen, dass Amerika nicht nur eine globale Kraft und Macht ist (Makroebene), die sich der Welt, der Erde, der Luft im Großen bemächtigen kann, sondern dass Amerika als Synonym für Fettleibigkeit einem Bodysnatcher gleich auch ganz lokal (Mikroebene) in jeden einzelnen eindringen und sich ihn so einverleiben kann. Amerika ist potentiell schon immer in uns! Kein Wunder, dass nichts uns Deutschen so viel Angst und Sorgen macht wie die Tatsache, dass wir, was das Fettsein angeht, in Europa an erster Stelle und weltweit hinter Amerika an zweiter Stelle stehen. Wir werden ja wie die Amerikaner!

VORURTEIL 8

Amerikaner essen nur Fast Food

Die Fettleibigkeit der Amerikaner wird zumeist darauf zurückgeführt, dass sie angeblich immer nur Fast Food essen: Fett sind sie, weil sie Scheiß essen! Dass Amerikaner jedoch nicht immer nur Scheiß essen können (obwohl in Amerika in der Tat viel Fast Food gegessen wird), geht – ganz gemäß der Logik dieses Vorurteils – allein schon daraus hervor, das, wie bereits erwähnt, nicht alle Amerikaner fett sind. Auch weiß man, dass nicht jeder Übergewichtige aufgrund seiner Ernährung übergewichtig ist. Der Einfachheit halber muss aber das Fast Food herhalten als *causa efficiens* für den Bedrohungskomplex, der mit der amerikanischen Fettleibigkeit einhergeht.

Was hat es eigentlich mit dem Hass der Deutschen auf das Fast Food auf sich? – Auf Fast Food an sich kann sich unser Hass wohl kaum richten, stellen wir Deutschen doch selbst genug davon her und hassen es keineswegs – man denke nur an all die Imbissstände, die unsere deutschen Lande durchziehen. Am ungenügenden Ernährungswert des Fast Food kann sich unser deutscher Antifastfoodismus wohl auch kaum entzünden, denn dann müsste man auch solche Vorführgerichte wie Currywurst, Weißwurst, Wienerwurst und all die anderen Leckereien, die das Bier erst so richtig sein Bouquet entfalten lassen, von der Speisekarte streichen. Tut man aber nicht. Also kann es auch nicht sein, dass man das Fast Food ob der in ihm enthaltenen Fettsäuren und anderen schädlichen Substanzen verabscheut. (Mit den englischen Fish and Chips hat man ja auch keine Probleme, oder mit der Pizza, die man mittlerweile an jeder Ecke kriegt und deren Ernährungswert demjenigen eines Big Macs oder eines Quarterpounders in nichts nachsteht.)

~

Kulturhistorischer Exkurs zum Fast Food

Es heißt, dass die Russen das Fast Food erfunden haben. Im postnapoleonischen Zeitalter sollen sie in Paris immer „bystro, bystro" gerufen haben, wenn sie *schnell* mal was essen wollten. Die Franzosen machten dann *Bistro* daraus, das wohl keiner mit *Fast Food* in Verbindung bringt, und in Amerika mutierte *Bistro* dann zu *Fast Food*. So gilt das Bistro als einer der Höhepunkte des französischen Kulturraffinements, während das Fast Food als Symbol des amerikanischen Kulturverfalls gehandelt wird ... Ironie der Geschichte.

~

Was am Fast Food ist es also, das uns Deutsche so aufregt? Wie auch schon im Falle des Fett- und Lautseins der Amerikaner sowie der angeblichen amerikanischen Kulturlosigkeit sieht man im Fast Food nicht so sehr das Essen, sondern die Macht, die sich dahinter verbirgt und der ganzen Welt ihren (Mangel an) Geschmack aufdrücken will. Was am Fast Food so erzürnt, ist nicht das Tempo der Vorbereitung oder die Qualität, sondern die Tatsache, dass es sich um *amerikanisches* Fast Food handelt – dass die Amis es schaffen, *ihr* Fast Food und damit *ihre* vermeintliche Kultur der ganzen Welt aufs Auge zu drücken. Mit dem Fast Food verleibt man sich den amerikanischen Imperialismus, die amerikanische Kultur(losigkeit) im wortwörtlichen Sinne ein und befördert auch noch ihre Verbreitung, indem man sie finanziell unterstützt. Auch hier also wieder zutiefst das Problem der bedrohten Identität und des beschnittenen Lebensraums auf Mikro- und Makroebene.

Was soll eigentlich mit dem Antifastfoodismus genau erreicht werden? Will man etwa, dass die Amerikaner gesünder leben und so auf Dauer noch stärker und mächtiger werden? Natürlich nicht! Denn dann hätte man ja nicht nur einen Grund weniger, sich über sie lustig zu machen, sondern man liefe auch noch Gefahr, dass nun auch das Gute, Gesunde, Biologische, Makrobiotische den Amerikanern zu verdanken wäre, die sich somit auch noch als Heilsbringer erweisen würden (wie schon einmal in der deutschen Geschichte, was man ihnen bis heute übel nimmt, gerade weil man ihnen so dankbar sein muss!).

Uns Deutschen kann man es als Amerikaner eben nie ganz recht machen: Ist man fett und vollgestopft mit Fast Food, dann ist man kulturlos, dumm usw.; ist man jedoch topfit, schlank mit Waschbrettbauch, ernährt sich nur organisch und makrobiotisch, raucht und trinkt nicht und joggt jeden Tag, dann ist man ein Gesundheitsfanatiker ... *A no-win situation.*

VORURTEIL 9

Coca-Cola und McDonald's sind an allem Schuld

Wie schafft es Amerika, durch Fast Food der Welt seinen Geschmack aufzudrücken? Hier nun offenbart sich eine weitere Komponente unseres deutschen Antifastfoodismus: Was uns Deutschen nämlich ein besonderer Dorn im Auge ist, sind Ketten – Ketten jeder Art, weil sie die Welt homogen machen und unsere sowieso schon fragile deutsche Identität in Frage stellen. Wir Deutschen lieben den kleinen Laden an der Ecke, den es nur einmal auf der Welt gibt (und in dem man natürlich auch nichts wirklich kriegt ... abgesehen davon darf es kein heimeliger Türke oder Vietnamese sein – es muss schon etwas Deutsches bzw. europäisch Vertrautes sein, wobei auch hier Europa nicht gleich Europa ist ... die Polen oder Bulgaren z. B. ...). Wir lieben das Heimelige, Lokale, Einmalige – das eine, kleine, gemütliche Restaurant, in dem das Dessert so ist wie sonst nirgendwo ... oder den Italiener, der die *beste* Pizza hat (wir geben uns gern als Kulturkenner und Connoisseure) ... oder den frischen Apfelsaft auf der Fahrradtour ... am Müggelsee ... Alles kaputt, zerstört von Coca-Cola und McDonald's! Coca-Cola und McDonald's, die Inbegriffe des Kettenteufels, sind an allem Schuld! Wie oft hat man das gehört im ehemaligen Osten vor allem — und vor allem aus dem Munde von ehemaligen Westlern, die aus Finanzopportunismus in den Osten zogen ...

Auch hier also wieder eine Wiederholung der Geschichte: Man gibt sich als Opfer einer Verschwörung — nur diesmal hat sie es auf den deutschen Apfelsaft abgesehen. Dass die amerikanische Kultur in noch größerem Maße eine Kettenkultur ist (was aber nicht heißt, dass es nicht genug Singularitäten in dieser Kultur gäbe) als die reichsten europäischen Kulturen, steht außer Zweifel. Aber an sich ist dies weder gut noch schlecht. Außerdem: Wer zwingt uns Deutsche denn eigentlich, Coca-Cola zu trinken und bei McDonald's zu essen?

Woran man seinen Hass auf die amerikanische Verkettung der Welt aufhängt, darum geht es. Und dem muss man nachspüren, will man ver-

stehen, was hier eigentlich gehasst wird (vgl.
Vorurteil 11).

VORURTEIL 10

Hollywood ist Scheiße

Neben Coca-Cola und McDonald's ist Hollywood der dritte Popanz, an dem man seinen Hass auf Amerika aufhängt. Natürlich ist Hollywood nicht Scheiße! Das weiß man und meint es auch nicht so. Was man meint, ist, dass man es satt hat, immer wieder denselben Bilderrhythmus, dieselben Gesichter und Nullachtfünfzehngeschichten vorgesetzt zu bekommen, alle nach demselben Muster gestrickt (dass das natürlich so nicht ganz stimmt, weiß man auch ...). Genug von der Sülze und dem Machomann! Wer es aber in Hollywood bzw. in Amerika überhaupt geschafft hat (Falco, Klaus Maria Brandauer – Österreicher, aber trotzdem – Nena, Franka Potente, Hans Zimmer, Wolfgang Petersen ...), der ist der King! Jetzt muss er einfach wirklich gut sein, sonst würden die Amis doch nicht seine Platten kaufen, ihm Grammys und Oscars verleihen oder ihm Millionen dafür bezahlen, dass er Harrison Ford durch die Luft fliegen lässt (*Air Force One*)!

Der muss mindestens so gut sein wie George Lucas!

Bei uns in Deutschland ist es nämlich so, dass man – mit ganz wenigen Ausnahmen – es auch dem Besten nicht wirklich zutraut, wirklich gut zu sein. Dass Hollywood also Scheiße ist, hat auch noch damit zu tun, dass man am Ende auch denen, die es in Hollywood geschafft haben, zu verstehen geben will: Bildet euch ja nicht zu viel ein! Gut seid ihr trotzdem nicht wirklich, denn dort, wo ihr gut seid, ist es eben zutiefst Scheiße. Und Scheiße ist es, weil dort Massenware produziert wird, die im Kunstbereich dem Kettenteufel in nichts nachsteht ...

Im Zeitalter des Bildes ist natürlich derjenige Dschungelherr, der das Bildermonopol besitzt. Gerade dafür steht Hollywood ein. Amerika drückt allen sein Bild von der Welt auf. Hollywood ist das Symbol schlechthin für den amerikanischen Kulturimperialismus.

VORURTEIL 11

Amerika will die Welt beherrschen

Alles bisher über unseren deutschen Hass auf das Laut- und Fettsein der Amerikaner sowie auf ihre Fast Food, Ketten- und Hollywoodkultur Gesagte lässt sich auf einen gemeinsamen Nenner bringen: Amerika will die Welt beherrschen (Stichwort: Imperialismus). Das hassen wir Deutschen am meisten, dass die Amis es sich anmaßen seit über einem halben Jahrhundert, Weltpolizist zu spielen und überall bestimmen zu wollen, wo's langgeht – sprachlich, geopolitisch, kulturell.

Wie auch die Fettleibigkeit vieler Amerikaner, ist Amerikas globale Präsenz als Kultur- und Militärmacht nicht von der Hand zu weisen. Als das Zeitalter der *Pax Americana* wird unser Zeitalter seit geraumer Zeit bezeichnet in Anlehnung an die *Pax Romana* und die *Pax Britannica*. Insofern scheint es sich bei diesem Vorurteil nicht wirklich um ein Vorurteil zu handeln, sondern um ein Urteil, das auf Geschichtsbewusstsein und Weltbeobachtung basiert. Wie alle synthetischen Urteile, d. h. Erfahrungsurteile, jedoch ist auch dieses von der eigenen Perspektive geprägt und muss allererst auf seine Gültigkeit und seinen Erkenntniswert hin überprüft werden, bevor es als möglicherweise wahre Feststellung – des Vorurteilsverdachts enthoben – zugelassen werden kann.

Der Vorwurf, dass Amerika die Welt beherrschen will, basiert auf einer rhetorischen Figur – der Metonymie –, die es einen allzu leicht vergessen lässt, dass *Amerika* an sich – der von zwei Ozeanen, Kanada und Mexiko begrenzte geopolitische Raum – gar nichts will und wollen kann. Wenn schon, dann sind es die *Amerikaner*, die die Welt beherrschen wollen. Wieder haben wir das Problem mit dem Wörtchen *die* (vgl. Vorurteil 1), denn natürlich können nicht *alle* Amerikaner die Welt beherrschen wollen (wenn sie denn überhaupt die Welt beherrschen wollen) – das wäre absurd. Also kann es sich nur um einen Teil der Amerikaner handeln, der angeblich die Welt beherrschen will.

Aus welchen Amerikanern kann der Teil der amerikanischen Bevölkerung, der angeblich die

Welt beherrschen will, eigentlich nur bestehen?
Hier nun wird es noch etwas komplizierter, denn
nun kommt das Wahlverhalten der Amerikaner
mit ins Spiel. Je nachdem, welche Partei gerade
an der Macht ist, Demokraten oder Republika-
ner, müssen wohl vor allem diejenigen das Kon-
tingent der Weltbeherrschungssüchtigen ausmachen, die denjenigen Präsidenten gewählt haben,
der Expansions- bzw. Kriegspolitik betreibt. Die
Welt beherrschen wollen müssen also vor allem
die Wähler des weltbeherrschenwollenden Präsidenten samt weltbeherrschenwollendem Kabi-
nett und Militär, das ja dem Präsidenten als
Oberbefehlshaber untersteht. Das bedeutet aber,
dass zumindest der Teil der amerikanischen Bevölkerung, der jeweils klug genug ist, den nach
Weltherrschaft dürstenden Präsidenten nicht zu
wählen, und der somit eigentlich auch nicht ganz
so dumm sein kann, den Deutschen sehr sympa-
thisch sein müsste.

Woraus schließt man eigentlich, dass Amerika
angeblich die Welt beherrschen will? Aus der Tatsache etwa, dass es als Kultur- und Militärmacht
global präsenter ist als andere Nationen? Oder
aus dem Bewusstsein um die eigene Geschichte

– aus der allzu deutlichen Erinnerung an den eigenen einstmaligen Wunsch, die Welt beherrschen zu wollen, den man nun berechtigterweise auch auf andere Völker überträgt? Oder stützt man sich in seinem vermeintlichen Wissen um den amerikanischen Weltbeherrschungsdrang auf den Verdacht, dass die Machtformel des Thukydides, der zufolge „die Starken herrschen, wo sie können, und die Schwachen erleiden, was sie müssen", und deren Treffsicherheit das Zeitalter des Kolonialismus nur allzu deutlich vor Augen führte, wahr sei? Oder glaubt man zutiefst daran, dass Macht expandieren muss, will sie nicht implodieren?

Haben wir Deutschen eigentlich ein Problem mit dem vermeintlichen amerikanischen Expansionsdrang im besonderen oder mit dem Phänomen des nationalen Expansionsdrangs an sich? Letzteres kann kaum der Fall sein, zumal man sich, wenn es um die eigenen Expansionswünsche geht (militärische wie wirtschaftliche, je nach Geschichtsphase), keineswegs als Antiexpansionist geriert.

Erklären lässt sich dieses Vorurteil, dem zufolge die Amerikaner alles, was sie auf der Welt

tun, *nur* tun, weil sie Öl wollen oder darauf aus
sind, ihre globale Macht strategisch zu konsoli-
dieren (wie dies auf den einzelnen Soldaten am
Omaha Beach anwendbar sein soll, bleibt un-
klar), folgendermaßen: Gegen die, die einen be-
siegen und einem auch noch das eigene politische
System aufdrücken, wird man (wahrscheinlich
nicht nur) als Deutscher ein tiefes Ressentiment
hegen (man muss schon sehr weise sein, um
Zwang als Geschenk zu empfinden) – und zwar
nicht nur, weil man vom Regen in die Traufe kam
(wurde man doch beide Male geführt, statt in
eigener Verantwortung zu handeln), sondern weil
man auch noch zugeben muss, dass man es allein
gar nicht geschafft hätte! (Hier müsste man natürlich auch das Ressentiment der DDR-Bürger
gegen die Sowjetunion mit berücksichtigen.)

Als Fazit der historischen Bilanz bleibt die
Frage offen: Wenn wir so klug, intelligent, gebil-
det, kultiviert, weltmännisch und die Amis so
dumm usw. sind, wie kommt es, dass nicht wir,
sondern sie die Oberhand haben?

VORURTEIL 12

Amerikaner sind Nationalisten

Die vermeintliche Begierde Amerikas, sich auf der gesamten Welt kulturell und militärisch auszubreiten und der Welt seinen Stempel aufzudrücken, wird oft kurzgeschlossen mit seiner offen nach außen hin verkündeten Liebe zu sich selbst: Die meisten Amerikaner – und zutiefst auch die, die das Gegenteil behaupten – lieben ihr Land wenn nicht *de facto*, dann zumindest *de jure* – als Prinzip bzw. Idee: *Stars and Stripes* überall, *4th of July,* ständig „We are the greatest country in the world!", *Pledge of Allegiance* jeden Morgen in der Schule ... Man stelle sich nur einmal vor, wie zwanzig deutsche Siebenjährige jeden Morgen mit großen, sentimentalen Augen auf die schwarz-rot-goldene Fahne an der Wand blickend (statt Jesus am Kreuz, in Bayern vor allem) den Treueeid auf das Grundgesetz leisten – unvorstellbar nach dem, was geschah ... Wir Deutschen können es scheinbar nicht verstehen, dass man ein Land zutiefst lieben kann mit all seinen negativen Seiten (und ihnen zum Trotz); dass man vielleicht sogar ein Land umso mehr lieben kann, je mehr es an ihm noch zu verbessern gibt; dass man ein Land allein schon um seiner Grundidee willen, um seines Potentials, seines Versprechens willen lieben kann, unabhängig davon wie weit es der eigenen Idee in der Realität gerecht wird. Die laut und deutlich verkündete Liebe der Amerikaner zu ihrem Land wird von uns Deutschen zumeist als Nationalismus in seiner extremsten (sprich: faschistoiden) Form abgetan und somit automatisch als negativ bewertet.

Die Logik des Nationalismusvorwurfs basiert auf einer einfachen Denkbewegung, die den Unterschied zwischen Patriotismus und Nationalismus unter den Teppich kehrt und ersteren im letzteren aufhebt. Indem der Unterschied zwischen Patriotismus und Nationalismus zugunsten des letzteren aufgehoben wird, wird auch der Unterschied zwischen der Liebe zum eigenen Land und dem Glauben, dass die eigene Nation und mithin die Menschen im eigenen Land wesensmäßig besser und mehr *wert* seien als andere Menschen und Nationen, aufgehoben. Nur letzterer ist als Nationalismus im extremen Sinn zu verbuchen (und nur um diesen geht es hier). Solange noch keine Studie durchgeführt worden ist zum vermeintlichen Glauben der Amerikaner, dass sie wesensmäßig bessere Menschen seien als die Menschen anderer Nationen, muss der Nationalismusvorwurf ein Vorurteil bleiben.

Nationalismus ist ein Übel, das ohne Kompromisse bekämpft werden muss. Patriotismus dagegen ist ein Gut, das unbedingt gefördert werden muss, da man ohne Liebe zum eigenen Land auch keinen Ansporn hat, etwas für dieses Land zu tun. Nationalismus ist mörderische Selbstverliebtheit; Patriotismus ist Selbstliebe – und Selbstliebe ist nicht nur psychologisch unabdingbar für die menschliche Existenz (wenn man sich selbst nicht liebt, warum sollen dann die anderen einen lieben?), sondern auch eines der Gebote unserer westlichen Kultur ... Liebe deinen Nächsten wie dich selbst ...

Amerikaner sind eingestandenermaßen Patrioten. Das heißt natürlich nicht, dass es nicht auch eine Handvoll Nationalisten unter den Amerikanern gibt. Die Tatsache, dass wir Deutschen die Liebe der Amerikaner zu ihrem Land als Nationalismus abwerten, hat mehr mit unserem eigenen Mangel an Selbstliebe zu tun als mit der vermeintlichen Selbstverliebtheit der Amerikaner. Statt den anderen zu viel Selbstliebe vorzuwerfen, müssten wir uns nicht erst einmal selbst fragen, warum wir uns selbst so wenig mögen?

VORURTEIL 13

Amerikanische Politiker sind blöd

Natürlich sind nicht alle amerikanischen Politiker blöd (und auch nicht alle amerikanischen Politiker, die als blöd gelten, machen immer blöde Sachen): So sagt man zum Beispiel, vor allem seit dem George W. Bush Präsident ist, dass Clinton *sooo* intelligent war! Als jedoch Clinton Präsident war, sagten viele, er sei *sooo* blöd. Warum hört man von uns Deutschen so viel über die Blödheit der amerikanischen Politiker und nur so selten etwas über ihre Klugheit?

Was die Logik dieses Vorurteils angeht, so ist nicht ganz klar, ob sie nur eine Manifestation der allgemeinen menschlichen Tendenz ist, sich über öffentliche Personen (Politiker im besonderen) lustig zu machen und sie mit Herablassung zu behandeln, oder aber ob sie einen Fall *sui generis* darstellt, der mit der angeblichen Dummheit der Amerikaner im besonderen zu tun hat. Es scheint jedoch angesichts der Tatsache, dass man nicht-amerikanische Politiker eher nicht mit dem

Epitheton *blöd* belegt (Putin z. B. ist *gefährlich*, Thatcher ein *Mannweib*, Schröder *testosterongetrie-ben*, aber nicht *blöd*, Sarkozy — muss man noch sehen, Hitler — ein Verbrecher, aber *genial* bzw. *wahnsinnig*, sein angeblicher Wiedergänger G. W. Bush dagegen die *Blödheit in Person*!), dass es sich hierbei um einen Fall *sui generis* handeln muss, der irgendwie mit der spezifischen Dummheit der Amerikaner zusammenhängen muss.

Hier wiederum ist nicht klar, ob amerikanische Politiker blöd sind, weil sie eben *Amerikaner* sind oder weil sie amerikanische *Politiker* sind.

VORURTEIL 14

Amerikaner sind ihre Politiker

Wir Deutschen lieben es, die Amerikaner mit ihren Politikern zu identifizieren, insbesondere mit ihren Präsidenten – vor allem mit denen, die wir für ganz besonders blöd halten: In der Ära Reagan waren die Amis blöd, weil sie einen Schauspieler (und dazu noch einen zweitklassigen!) gewählt hatten, der schon von Berufs wegen bei uns den Ruf weg hatte, blöd zu sein. In der Ära George H. W. Bush (Vater) waren die Amis blöd, weil ihr Präsident so wenig Manieren hatte, dass er es nicht einmal unterlassen konnte, dem japanischen Premierminister bei einem Staatsbankett in den Schoß zu kotzen. In der Ära Clinton waren die Amis blöd, weil ihr Präsident blöd genug war, sein Sperma zum öffentlichen Diskussionsthema zu machen. Und in der Ära George W. Bush (Sohn) – ja was sind die Amis da? – blöder geht's gar nicht mehr und auch noch Kriegstreiber, Schwerverbrecher und Lügner und überhaupt!

Unsere Tendenz, die Amerikaner mit ihren politischen Repräsentanten zu identifizieren, ist umso erstaunlicher, als dieselbe Tendenz im Falle anderer Völker (inklusive der Deutschen selbst) nicht verzeichnet werden kann. So identifizieren wir die Russen nicht mit Jelzin oder Putin, die Engländer nicht mit Thatcher oder Blair, die Franzosen nicht mit Mitterand oder Sarkozy, die Rumänen nicht mit Ceausescu und uns Deutsche selbst weder mit Hitler noch mit Kohl, Schröder oder Merkel (um auch aktuellere Beispiele zu nennen). Warum also werden die Amerikaner unweigerlich mit ihren Präsidenten identifiziert – vor allem mit denjenigen, die man ganz besonders verabscheut oder für ganz besonders blöd hält?

Die metonymische Logik, die dieser Tendenz zu unterliegen scheint, ist eng mit derjenigen verknüpft, die schon im Falle der Liebe der Deutschen zu Europa am Werk war: Umgekehrt proportional zur eigenen, historisch bedingten Unfähigkeit, die Liebe zu sich selbst klar zu artikulieren – man versteckt sich ja statt dessen hinter dem metonymischen Deckmantel Europas –, konzentriert man seinen Hass auf dasjenige

Land, das die eigene Niederlage mehr als jedes andere symbolisiert, auf eine einzige Person, die es einem metonymisch – einem Blitzableiter gleich – erlaubt, all seine unterdrückte Abneigung auf greifbare Weise auszuleben. Dabei sieht man auch nicht mehr die Person des Präsidenten, sondern lediglich eine Figur, eine wandelnde Projektionsfläche, die jeglicher menschlichen Attribute enthoben worden ist und auf die einer Pinata gleich ungestraft eingeschlagen werden kann.

Dass die Amerikaner nicht ihre Politiker sind, ist nicht nur logisch notwendig – so denn der Satz vom Widerspruch noch Gültigkeit beanspruchen kann –, sondern auch pragmatisch einsehbar: Die größten und ernsthaftesten Kritiker der amerikanischen Politik und des *American Way of Life* sind schon immer die Amerikaner selbst gewesen – da kommt auch kein Deutscher mehr hinterher (man denke nur an Michael Moore u. a.). Dieses Vorurteil ist eines der schädlichsten, weil es es unmöglich macht, jeden einzelnen Amerikaner als einzelnen und einmaligen Menschen wahrzunehmen, indem es dem Einzel-

menschen von vornherein die Figur des Dämons
überstülpt.

VORURTEIL 15

Amerikaner lieben Gewalt

Dass die Amerikaner Gewalt lieben, ist ein weiteres Vorurteil, das unter uns Deutschen im Umlauf ist. Es bezieht sich vor allem auf Waffengewalt und beruht zum einen auf Medienberichten über die hohe Anzahl von Gewalttaten (Mord, Amoklauf usw.), die in Amerika verübt werden, und zum anderen darauf, dass privater Waffenbesitz (die Feuerwaffe als Symbol für Gewalt überhaupt) in Amerika bekanntlich eine heilige Kuh ist ... Weniger Waffen, weniger Gewalt!

Was dieses Vorurteil zum Vorurteil macht, ist nicht etwa, dass es in Amerika keine Gewalt gäbe – es gibt ja tatsächlich zu viel Gewalt in Amerika und eine Reduzierung der Waffen im Privatbesitz würde notwendigerweise auch die Verwendung von Waffen und somit auch die Waffengewalt reduzieren –, sondern dass man angesichts des tatsächlich hohen Gewaltniveaus in Amerika den Amerikanern unterstellt, dass sie die Gewalt auch irgendwie wollen und lieben müssen (sonst, so die Logik des Arguments, gäbe es die Gewalt ja nicht). D. h., es ist der Kausalschluss von tatsächlicher Wirklichkeit auf den vermeintlichen psychologischen Zustand der Amerikaner, der hier das Vorurteil entstehen lässt.

VORURTEIL 16

Amerikaner sind falsch

Von der angeblichen Falschheit der Amerikaner hört man allerorten von deutschen Amerikareisenden. Die weit verbreitete Überzeugung, dass Amerikaner falsch sind, beruht auf der Erfahrung ihrer Freundlichkeit („Wow! It's *sooo* nice!"), mit der wir Deutschen gar nichts anfangen können, sind wir doch an den motzigen, schnoddrigen, belehrenden und aggressiven Ton unseres eigenen Dienstleistungssektors gewöhnt.

Was hat es nun eigentlich mit diesem Vorurteil auf sich? Und welche Logik liegt ihm zugrunde? Die Überführung dieses Vorurteils muss mit der Frage nach der amerikanischen Freundlichkeit beginnen, die ja dem Falschheitsvorwurf zugrunde liegt. Wie steht es denn nun eigentlich mit dieser?

Zunächst muss wohl jeder, der sich auch nur einmal im Leben von den stählernen, emotionslosen Augen eines Immigration Officers an einem der großen internationalen Flughäfen in den

USA hat durchbohren lassen, zugeben, dass dies wohl nicht als Freundlichkeit bezeichnet werden kann (der Blick, der da sagt: Ich kann alles, wenn ich will ... auch dich wieder postwendend nach Germany zurückschicken). Wer dann mit dem Van oder Taxi z. B. von Newark oder JFK nach Manhattan oder von O'Hare nach Downtown Chicago fährt und sich halb auf Indisch, halb auf Russisch, halb auf Pakistani, halb in Rapsprache – „yo' man, where yo' goin'?" – zu seinem Reiseziel durchschlagen muss, wird dies wohl auch kaum als *freundliches* Erlebnis bezeichnen. Wer dann beim ersten Mittagessen bei *Le Monde* am Broadway z. B. von der Hostesse erst einmal blöd angeredet wird, bevor es zum freien Tischchen am Fenster geht, oder wer beim ersten Order-in ins Hotel vom Delivery Guy angeschnauzt wird, weil das Tip zu niedrig ist (wir Deutschen knausern ja gern mit dem Trinkgeld), der weiß, dass es zumindest genug Amerikaner gibt, die nicht freundlich sind!

Warum sagt man also, dass die Amerikaner angeblich so freundlich sind? Weil sehr viele Amerikaner tatsächlich sehr freundlich sind! Vor allem außerhalb der großen Ballungszentren wie

New York, D. C., Chicago, L. A. usw., wo jeder
sowieso schon ums Überleben kämpft und gar
nicht philanthropisch drauf ist (aber auch hier
gibt es ab und zu natürlich freundliche Gesichter). Die Freundlichkeit der Amerikaner findet in
der von uns Deutschen verabscheuten Formel
Keep smiling! ihren lapidaren Ausdruck. Ob im
Restaurant, an der Tankstelle, im Kino, im Super-
markt – überall wird man angelächelt, einem wird
nachgegeben und sogar das Essen darf man
zurückschicken, wenn es nicht schmeckt …

Und hier nun schleicht sich der Verdacht ein,
dass die freundlichen Gesichter, die einem ent-
gegenlächeln und jeden Wunsch von der Seele
ablesen wollen, bevor man selbst seiner gewahr
wird, nicht wirklich freundlich sein können, weil
es keinen Grund gibt, freundlich zu sein, außer
den, so gutes Business wie möglich zu machen,
und dafür muss man eben zumindest so tun, als
ob man sich über den Besucher aus Deutschland
ganz besonders freue! Als falsch wird die
Freundlichkeit also schon allein deswegen ausge-
legt, weil die auf dem Nährboden der vermeintlichen Übermaxime *Der Kunde ist König* gezüch-
tete amerikanische Freundlichkeit von vornhe-

rein als inkompatibel mit authentischer Freundlichkeit interpretiert wird.

Wie bereits schon im Fall des Weltbeherrschungsvorwurfs, der es uns Deutschen nicht erlaubt, zumindest die uns Deutschen zugute gekommenen außenpolitischen Taten Amerikas im zwanzigsten Jahrhundert als nicht ausschließlich den strategischen Zwecken der USA dienend zu beurteilen, so wird auch hier wieder nach dem entweder/oder Prinzip verfahren: Entweder Business und gefaketes Smiling oder kein Business und authentische Freundlichkeit! Dass man auch freundlich Business machen kann, ohne falsch zu sein, scheint uns Deutschen irgendwie suspekt ...

Hier wiederum eröffnet sich ein weiterer Problemhorizont, der aus den Untiefen der deutschen Psyche hervorlugt und mit unserer mangelnden Liebe zu uns selbst zu tun hat: Falsch muss die Freundlichkeit der Amis uns Deutschen gegenüber sein, weil es doch gar keinen Grund gibt, uns freundlich zu begegnen – begegnen wir uns doch selbst auch nicht auf freundliche Art. Und wenn *wir* uns schon nicht anfreundeln, warum sollten es dann die anderen? D. h., weil wir

Deutschen glauben, dass wir in anderen auf keinen Fall das Gefühl der Herzenswärme und Freundlichkeit erwecken, da wir dieser Gefühle zutiefst nicht wert sind nach dem, was wir uns so alles in der Geschichte geleistet haben, kann die Freundlichkeit der anderen uns gegenüber nur von falscher Art sein. (Im Falle Amerikas im besonderen kommt noch das Syndrom des dauergescholtenen Kindes hinzu, das jede Handlung des Übervaters in einem negativen Licht sehen wird.)

VORURTEIL 17

Amerikaner sind oberflächlich

Eng verbunden mit dem Vorurteil der Falschheit ist auch das Vorurteil der legendären amerikanischen Oberflächlichkeit. Die Amerikaner sind *sooo* oberflächlich! Small Talk, Gesmile, „Great!", „Hi!", „How are you?" ... Dabei wollen sie doch gar nicht wissen, wie's mir wirklich geht! Ja warum fragen sie dann überhaupt!? Und alles Love, Love, Love, „I looove it!" Die wissen doch gar nicht was Liebe ist, weil alles „Looove!" und „Nice!" und „Great!" und „Wow!" und „Awesome!" ist! Nach zwei Stunden amerikanischer Cocktailparty ist der germanische Tiefler der Verzweiflung nahe und sehnt sich nach dem Mariannengraben ...

Wie steht es nun aber *de facto* mit der amerikanischen Oberflächlichkeit? Es ist klar, dass hier eine hermeneutische Unschärfe vorliegen muss, denn es kann gar nicht sein, dass eine ganze Kultur, in der Menschen sich lieben, heiraten, Kinder kriegen, Häuser und Flugzeuge bauen, Bücher schreiben (die auch noch den Großteil des deutschen Büchermarktes ausmachen) usw., einfach nur oberflächlich ist und wirklich nicht unterscheiden kann zwischen der Liebe in „I *loooved* that movie!" bzw. „I *looove* French fries!" und der Liebe in „I love you" vor dem Friedensrichter. Was wir Deutschen als oberflächlich empfinden, sind vor allem vier Dinge: Erstens, die vermeintlich aufgesetzte Freundlichkeit der Amerikaner – denn für uns Deutsche ist Freundlichkeit gleich Absenz von Tiefe und Absenz von Tiefe heißt zwangsläufig Oberflächlichkeit; zweitens, die damit in Verbindung gebrachte Erfahrung der vermeintlichen Unverbindlichkeit der Amerikaner, die immer etwas mit einem auszumachen scheinen („Yeah! I'll give you a call!" oder „Yeah, let's do that!") und dann gar nicht mal mehr wissen, wer man ist auf der nächsten Cocktailparty; drittens, der kulturell bedingte Unwille der Amerikaner, sich bei jeder Gelegenheit auf ein tiefes Gespräch über die Probleme der Welt und der Menschheit einzulassen und statt dessen lieber Small Talk zu machen; viertens, die allgemeine Tendenz der Amerikaner, positiv und optimistisch in die Welt zu blicken (Stichwort: *Think positive!*).

Wie steht es nun mit alledem? Alles stimmt und alles stimmt nicht! Gemeint ist damit, dass die Beobachtungen des germanischen Tieflers zwar den Nagel zum Teil auf den Kopf treffen, den Phänomenen jedoch psychologische Strukturen unterschieben, die nicht überzeugen: So ist es z. B. logisch überhaupt nicht notwendig, dass Freundlichkeit, Optimismus und positives Denken mit Oberflächlichkeit gleichgesetzt werden, während Problembewusstsein, Schroffheit und Zukunftsangst *à l'allemande* Tiefe bedeuten; und das Unverbindliche ... ja das kann einen schon aufregen ... aber muss daraus der ganzen Kultur gleich ein Oberflächlichkeitsstrick gedreht werden? Hat man selbst jeden versprochenen Anruf getätigt? Jedes Gesicht wiedererkannt? Und der Small Talk – ja der Small Talk ... Was machen wir denn dann bloß mit den Briten, die sich stundenlang über den Regen unterhalten können? – Die haben Humor!

Dass wir Deutschen den Amerikanern Oberflächlichkeit unterstellen vor allem aufgrund ihres Sprachverhaltens, hat wohl damit zu tun, dass wir bisweilen vergessen, dass eine der Funktionen der Sprache die phatische Funktion ist, die aber auch gar nichts mit Informationsaustausch zu tun hat, sondern mit der simplen Herstellung menschlichen Kontakts und dem lapidaren Ausdruck der Anerkennung des Daseins des Anderen. Wenn die Amerikaner „How are you?“ oder „What's up?“ fragen und einfach weiterlaufen oder sich dem nächsten Cocktailpartygast zuwenden, ohne die traurige Geschichte des beleidigten Deutschen abzuwarten, dann nicht, weil es sie nicht interessiert (obwohl dies natürlich auch sein kann), sondern weil die Fragen nicht als Summe der sie konstituierenden Wörter verstanden werden wollen im wörtlichen Sinn, sondern als verbale Grußgesten, die ihren Zweck mit ihrer Artikulation bereits vollends erfüllt haben.

Danksagung

Im Zusammenhang mit der Entstehung und Veröffentlichung dieser Schrift gilt mein besonderer Dank meiner Frau und meinen Söhnen, sowie Gregor K. Elbel, Rafael Seligmann, Laura van der Emde, Natascha und Marcus Theis, Patrick Heide, Andrea Wörle, Siv Bublitz und Florian Meierhofer.

Zum Autor

Misha Waiman wurde in Riga (Lettland) geboren und wuchs in Russland, Israel und Deutschland auf. Nach dem Studium der Literatur und Philosophie in München, Paris, Moorhead (Minnesota) und New Brunswick (New Jersey) lehrte er an der University of Cambridge (England). Derzeit lebt er mit seiner Familie in New York City und lehrt and der Columbia University.

- *High on Low: Harnessing the Power of Unhappiness*
   by Wilhelm Schmid (2015 Living Now Book Award for
   Personal Growth & 2015 Independent Publisher Book
   Award for Self-Help)
- *Become a Message: Poems* by Lajos Walder
   (2016 Benjamin Franklin Book Award for Poetry)
- *What We Gain As We Grow Older: On Gelassenheit*
   by Wilhelm Schmid (2016 Living Now Gold Award)
- *On Dialogic Speech* by L. P. Yakubinsky
- *Passing Time: An Essay on Waiting* by Andrea Köhler
- *In Praise of Weakness* by Alexandre Jollien
- *Vase of Pompeii: A Play* by Lajos Walder
- *Below Zero: A Play* by Lajos Walder
- *Tyrtaeus: A Tragedy* by Lajos Walder
- *The Complete Plays* by Lajos Walder
- *Homo Conscius: A Novel* by Timothy Balding
- *Spanish Light: A Novel* by Stephen Grant
- *On Language & Poetry* by L. P. Yakubinsky
- *Philosophical Truffles* by Michael Eskin
- *Potentially Harmless: A Philosopher's Manhattan*
   by Kathrin Stengel

Made in the USA
Monee, IL
07 July 2026

56551549R00060